Die Gedanken laufen weiß

Markus H. Eberhard

Die Gedanken laufen weiß

Gedichte

Bibliografische Information der Deutschen Nationalbibliothek:
Die Deutsche Nationalbibliothek verzeichnet diese Publikation in der Deutschen Nationalbibliografie; detaillierte bibliografische Daten sind im Internet über http://dnb.dnb.de abrufbar.

TWENTYSIX – Der Self-Publishing-Verlag
Eine Kooperation zwischen der
Verlagsgruppe Random House und
BoD – Books on Demand

© *2018 Markus H. Eberhard*

Herstellung und Verlag:
BoD – Books on Demand, Norderstedt

ISBN: 978-3-7407-4825-8
Titelfoto: **Hagen Schnauß, München**
Umschlaggestaltung: **Tanja Buburas, Bad Tölz**

VORWORT

Gedichte, was können die schon?
Sie können in diesem Fall einen Weg nachvollziehen, den ein Bühnenkünstler in Pausen und Proben, Unterbrechungen und Abreisen, Hotelzimmern und der Arbeitslosigkeit beschritten hat. Gedichte zu schreiben war kein Kampf, eher ein Sichtreibenlassen in Sprachklängen und -melodien und ein Suchen nach Themen, Formen und Worten.
Meine Tagebücher und Notizbücher sind mir stete Begleiter gewesen, immer zur Stelle, wenn ich etwas aus mir herausbringen wollte, in jeglicher Gemütsverfassung.

Ich bedanke mich bei den Mitarbeitern von twentysix für die Begleitung bei diesem Buchprojekt. Mein besonders herzlicher Dank geht an Ruth Gemeinhardt und Johannes Behrens für das Lektorat, an Tanja Buburas für die organisatorische Unterstützung und an meine Familie für ungezählte Geduldsmomente.

Mit diesem Buch schicke ich an jede Leserin, jeden Leser meine allerherzlichsten Wünsche.
Mögen alle Wesen glücklich sein.

Markus Eberhard

Inhaltsverzeichnis

Ein Zimmer	8
Und dann	9
Manchmal	10
Bin ich	11
Wo du mich streichelst	12
Die Lüge	13
Jeder Blick	14
Im gezügelten Maße der Erträglichkeit	15
Aus dem Winter	16
Was ist es?	17
Karsamstag	18
Sätze, Satz für Sätze	19
Fast klösterlich	20
Wenn	21
Bestellung	22
Das Spiel	23
Neuordnung	24
Eine Stimmung	25
Indizien in Eile	26
Drei Liebesgedichte auf kariertem Papier	27
Vor Abfahrt	29
Drehtag	30
Warten	31
Fahrt nach Prenzlau	32
Aufschwung	33
Vielleicht helfen griechische Götter	34
9/11	35
Wenn möglich ein Kuss	36
Jede Zärtlichkeit	37
Widerstand ´02	38
Habe ich Papier	39

Hören	40
Begegnung	41
Rom ´03	42
Den Tag klappe ich zu	43
Die Fragen ruhen	44
Auf dem Bahnsteig	45
Im Innenhof	46
Ist es so	47
Barcelona – Flugangst	48
Barcelona – Primero	50
Barcelona – Segundo	51
Barcelona – Tercero	52
Barcelona – Die Cellistin	53
Barcelona – Nachher betrachtet	55
Mit dem Schnee gesprochen	56
Der Schneetiger reitet bunt	57
Der Sonnenschein schlägt übers Dach	58
Gesendet:	59
Vortrag im leeren Saal	60
Schlagnachbiografie	61
Gleich ist er wieder ungeschminkt	62
Heute schon gerannt	63
Die Armut hat mich entdichtet	64
Wohin	65
Silvester Tango	66
Die Wasserräder sind abgetragen	67
Heimat schon – oder	68
Voran kommen in allen Geschwindigkeiten	69
Zweifel	70
Die Gedanken laufen weiß	71
Über den Autor	72

Ein Zimmer
Er sagt mir
Komm
Sofort?
Ich fragte unsicher
Ein Blick
Ich lief zurück
In eine glückliche Zeit

(1990)

Und dann
ist es klein
das Opfer
das ungewollte
anders zu sein
weil ich verstehe:
es beginnt
mein Sinn
im Leben
im wieder gewollten
zu sein

(1990)

Manchmal
quillt das Leid
der Welt
aus mir heraus
und ich will
so schlecht sein
wie sie selbst
dann aber
rinnen die Tränen
an meiner Nacktheit
und erneut
ist freudige
Hoffnung
vorbei

(22. Januar 1991)

Bin ich
auch stark
dann lass
im Gehen
in die Nacht
mir deine Brust
ich halte
die meine
im Gehen
in den Tag
für dich
bereit

(22. Januar 1991)

Wo du mich streichelst

Dort
wo du mich
oft
so zärtlich streichelst
fühle ich
deutlich
ich möchte mehr
wenn ein Bruder kommt
der braucht
und gibt

(2. Oktober 1991)

Die Lüge

Wann erlügst du mir ein neues Märchenland?
Vom Guten, ewig Sonnigen will ich hören.
Das aufdringliche Geplätscher
willst du mir versilbern,
aber dann bekomme ich auch die fressende Liebe
auf meine Seele geworfen.
Ich bestehe darauf!
Mit allem Hass bestehe ich darauf,
und der Grund, der knöcherne, mir das zu schenken,
ist wieder der, den mir die Sprache verbot.
Ich will mein Märchenland von dir!
Baue es auf die burgigen Säulen,
die das Grauen von Jahrhunderten getragen,
ohne ihr Auge
zu einer krampfhaften Falte zu spannen.
Ich will mein Märchenland und alles, was dazu gehört,
von dir.
Nur eine Prinzessin lasse ich vor dem Tor.

(12. Oktober 1991 ?)

Jeder Blick
hat noch so viele Fragen,
und gerade dann
halte ich dich
für tausend Antworten
nur einmal
im Arm.

(1991/92)

Im gezügelten Maße der Erträglichkeit
lachen wir so herzlich über das,
was wir hoch und hehr versprachen zu bekämpfen.
Auf unsere schlichte Weise
schlagen wir aus,
wenn wir leben, wie sie uns nicht lassen wollen
und sparen unsere Kräfte
für unsere andere Liebe.

(1991/92)

Aus dem Winter
an die Schulter
die du ahnst

Weil ich doch lieben will
und immer drängend
Ausschau halten muss

Sie ist sicher neben mir
die Grenze für stündlich Böses
der Dank nach diesem eisigen Kampf

An deine Schulter
mit der Freude
auf deinen Kuss

Aus dem Winter
an die Schulter
die du zu lieben verstehst

(1991/92)

Was ist es?
Ein Bemühen, ein schönes,
deine Worte, deine Liebe zu suchen.
Die alte Römerstraße, die in eine Wiese,
eine weite, blendende Wiese zielt,
sie hat gefunden, so reich, wie ich.

(1992)

Karsamstag

Verdorrt und verknöchert
so zeigten mich taghelle Bilder.

Die unteren Äste
zweier statuenhafter Bäume
bilden einen Bogen,
eine Brücke,
die noch nicht ergrünt.

Wer mir das kalte Licht zuwirft,
er zeigt sich nicht,
gibt tödlich die Szenerie
zur Betrachtung frei.

(10. April 1994)

Sätze, Satz für Sätze,
Handlungen in der zeittoten Zahnlosigkeit.
Was sieht man in einer nassen Erinnerung
an Flüssen, Seen und Bächen,
die die Wahrheit beschreibungslos
zum Abschuss freigegeben hat?
Kaum eine Bosheit hat vermocht
an den Haaren meiner Haut
zu zerren und zu ziehen.
Wenn ein Krieg aber versucht
dir deine Fresse zu zertrümmern,
ist alle Macht
in geschonten Händen
und alle Ideale hängen
an vergoldeten Kleiderhaken
in fremden Häusern.

(30. Juli 1993)

Fast klösterlich
mit letzter Verbeugung:
Modellgefühle
Vorhang

Unbeliebig wie der Ort
Unbeliebig die Begegnung
Kein Widerwort beim Kuss

Verbeugung
Ende
Abgang
So

(16. Juli 1994)

wenn
dann

ohne Tränen

Blicke
nur Augen
einer
einer
und noch einer

und noch einer
mit Echo
keine Abweichung
außer

wenn
dann

(1994)

Bestellung

Ich wollte gerne mal
ein Lächeln stornieren,

eine halbe Tragödie buchen,
nur so zum Zeitvertreib,

oder besser, ich komme
ein anderes Mal wieder.

(1995-1997)

Das Spiel

Was heißt das schon,
es fragt niemand tiefer.
Auch gut, denn
was heißt das schon?

Ein fehlerhaftes Unwort
wird registriert,
dann beginnt hoffentlich
eine andere Partie.

Kein
Such-mich-mal-schach-matt-rein-ins-Häuschen-
Spiel.

Ich bin beendet für diese Runde,
was heißt das schon.
Es ist geregelt,
wenn in der Nähe
ganz menschlich ein Unwort
geboren wird.

(1995-1997)

Neuordnung

Die Gefühlsreform
hat doch noch ein paar schwere
Tropfen eines Liebesöls herausgepresst

Jetzt entstehen neue Lieder

Man hört wieder Kampflieder
aus dem sonst so ausgebrannten
Ich-Land

(1997)

Eine Stimmung

Wenn ich Kargheit aus Frankreich sehe,
sehe ich Stimmungen,
die ich in mir manchmal vermisse.

Wenn ich dir eine Stimmung geben möchte,
dann die, dass ich dich mit viel Humor
anschreie, bis du bist, wie du sein willst.

Wo ist der Schall des gestimmten Schreis,
den ich in Frankreich ließ,
in all den Jahren gelandet?

(1997)

Indizien in Eile

Natürlich werden wir
uns wieder in den
Armen liegen.

Keine Frage, ich werde
dich wieder einmal küssen.

Ob ich dich über die Piazza führe,
auf der alle Indizien in Eile sind,
ohne zu wissen
und dennoch sind?

Das wünsche ich mir,
das weiß ich nicht.

(1997)

DREI LIEBESGEDICHTE AUF KARIERTEM PAPIER

1.

Die Beschaffenheit und Form
Ich stiere für mich hin
Und die Zeilen lesen sich leer

Das Grübchen am Kinn
Tut sein Übriges
Aber auch die Bewegung.

2.

Da lese ich die Widmung
Für meinen alten Freund
Und ich stutze

Bin ich arm, bin ich reich
Weil an der Stelle
Da müsste jemand stehen,
Der seit Jahren da ist.

Aber er hat es nicht
Wirklich verstanden
Warum er mir da ist.

3.

Ist er oder nicht
Noch einen Moment
Und wenn nicht
Dann ist er
Es

Der Typ Mensch
Bei dessen Anblick du in die Knie gehst
Und erst recht
Wenn er dich anlächelt
Dir zuzwinkert
Und dann noch so riecht

In diesen Typen rein
Will man doch,
er sein
aber wer das Paradies schaut
ist doch tot

also bleibt ein Bier am Tresen
und das tägliche Sterben, das so ist
und um uns alle ist

wo alle Attribute versagen
alle Sprüche weg sind
sich nur noch die Sehnsucht zeigt

(2001)

Vor Abfahrt

Erster Klasse
Auf einem Gleis
Wie immer fährt der Zug weiter,
wenn ich angekommen bin.
Ein Südentrauma

Mich umarmt die Abteilhöhle
Die Kunstluft vernebelt
Vorübergehend.

Und ich halte
Weil es in Bahnhöfen doch
Unstattlich
nicht gestattet ist
fest
und zurück.

(14. Oktober 2001)

Drehtag

Als ein Opfer dieser Hetzjagd
verteile ich mich
unter die Assistenten.
Aber das Drehbuch schreibt andere Fassungen
und das sind auch andere Haltungen
von einer Hand zu einer Handlung
oder egal, umgekehrt.

25 Szenen mit wenigen Dialogen
weil mir das Spielen
doch auch schwer fallen kann
mir, dem man es zutraut
egal, oder umgekehrt.

Unter die Opfer dieser Hetzjagd
teile ich mich ein,
die Assistenten,
die Zugeneigten.

(21. Oktober 2001)

Warten

Heute hat sich das
Hemd ländlich gemacht
Aber wenn das Telefon nicht läutet
Bleibt das Hemd unerfüllt.

Also läute doch
Zeige den Turmglocken
Dass das Warten
Auch noch für diesen Tag

Verabschiedet wird.

(23. November 2001)

Fahrt nach Prenzlau

Keine Ahnung mit einmal Umsteigen
In Kürze erreichen wir noch nicht
Aber anderes nach durchtrennten Büschen
Getrennte Felder in Fahrtrichtung beidseitig
Nur Ausstieg dann links
Jemand zugestiegen
So nervig und mehrmals
Hier noch jemand bitte
Mit befremdlicher Betonung
Man sitzt nicht eben gerade
Wenn man ins Land fällt

(16. Oktober 2001)

Aufschwung
sagt der Dichter
und räumt seinen Schreibtisch leer.

Fort mit
Trist und Trauer, Trübes
will nicht mehr.
Die Sonne funkelt schmeichelnd
einen gleißenden Fleck.

Dann stürzt sich jemand in den Tod,
reißt Tausende mit.

Und wieder ist
Was nicht gekommen sein wird,
ist wieder aktuell. Wieder greife ich
nach Zeilen und Tönen und
der Schreibtisch füllt sich mit
dem, was geschrieben sein will.

(Man kann mich leiden machen
Aber wenn ich Zeit hätte vor dem eigenen Tod,
dem, den ich nicht achten werde,
in die Fresse treten. Ich würde es tun.
Kein pax, kein om ich würde treten,
ihn nicht achten und leidend gehen.)

(12. Oktober 2001)

Vielleicht helfen griechische Götter
Die Vernachlässigten jedenfalls:
Alles schnell rausschreiben
Die Rechnung fertig machen

Vielleicht hilft der Gedanke
Der Überfrachtete
Wenn man ihn früh gestreichelt
Lange besänftigt darüber legt

Vielleicht habe ich dann Klarheit
Eine wieder lichtere
Ich schlage jede Sekunde
Jeden Grund mit einem Ziel

(12 Oktober 2001)

9/11

Doch,
gerade deine Augen
will ich fragen,
welchen Grad der Verheerung sie ahnen
und just jenes Lächeln
wollte ich anschreiben,
deines,
ob es Entsetzen geben kann,
wenn man es doch nicht denkt.

Ich habe einmal
das Unglaubliche
nicht gesehen,
erst beim zweiten Mal
und dann immer, weil
dem nicht zu Denkenden ein
Platz einzuräumen ist.

Ich frage
nur mal an.

(11. Oktober 2001/ endgültige Fassung Juli 2002)

Wenn möglich ein Kuss

Tanzende Schatten,
ich lege meine
endlos endlichen Hirnschleifen in S-Form
auf den Tisch und dann werde ich es doch
sehen.

Wahrscheinlich ist
wieder einmal Herbst
für ein Frühstück ohne
Reden.

Pax vobiscum
mit euch
mit uns
die wir nicht in die Keller müssen,
um Hetzschriften zu verfassen.

Noch will ich gewogen sein
in Armen
Und den Zweifel will ich verkaufen
samt Träumen,
damit mehr übrig bleibt -
wenn möglich
ein Kuss.

(11. Oktober 2001/ 2. Fassung 24. Juli 2002)

Jede Zärtlichkeit
die ich ersehne
fällt langsam
dem Unerfüllten zu.

Das ist eine Lade mit
Unerfülltem,
Intimem,
Enttäuschtem.

Dort ist so viel drin,
dass ich schon fast erschrecke,
wenn jemand seine Hand
an meine legt.

(1. Juli 2002)

Widerstand '02

Es zog mich was
Ich guckte und dachte: nein
Ich könnte, aber ich will nicht
Da wird der Reiz stärker, weil ich nein sage,
aber ich bleibe dabei, nein sage ich
weil das Ziehen sich nicht gut anfühlt.
Ich merke das, wenn ich ehrlich bin – zu mir selbst.
Nein! Weil das Muster kenne ich doch,
da lege ich den Hebel im Universum um.
So habe ich widerstanden – zunächst mal.

(1. Juli 2002)

Habe ich Papier?
Habe ich kein Papier!
Also – rote Ampel und
Der Notizblock der Kellnerin.
Bielefeld
Aber alltäglich
Es gibt keinen Sommer
Die Ampel wird grün
Die Ampel ist rot
Ich weiß nicht
Und suche was wieder will.
Hundert Schreibergedanken
Die Ampel ist rot
Ich sitze unter einem Jugendstilfenster
Gelb
Endlich sehe ich in den
Regen und die Ampel rot
Gelb – nein, rot
Wie sie das schon sagt
Mettwurstbrötchen
Und könnten sie
Ein Blatt Salat
So Spitz
Es ist grün
Ich sehe rot
Und kämpfe um
Das bisschen gelb

(1. Juli 2002)

Hören

Übermalt liegen die Töne in heutigen Landschaften.
Um alle Zweisamkeit betrogen und geschändet.
Ausgeräucherte Klänge, vergeudete Rhythmen
Und ihre Folgen liegen zur Behandlung
Und fragen nicht mehr weiter.
Als hätte das Ohr kein Vermögen, ungefragt,
umspült mit Morden und geschlagenen Ideen
unterkühlt auf Dauer.

(Dezember 2002)

Begegnung

Wir waren uns begegnet
Waren wir doch – uns wirklich begegnet.
Ein paar Tage lang haben wir
Auch gelacht und auch gesprochen.

Wir haben uns umarmt
Haben wir doch – uns herzlich umarmt
Und wir hielten uns einander
Für Sekunden innig, warm und lieb.

Der halbe Mond schwimmt
In fahrigen Wolken, wie von
Großen Geistern verwischt.

Ein sonniges Bild außen
Und ich erkenne es im Inneren wieder
Und abends endlich weiß ich ihn.

(8. Juli 2003)

Rom '03

Die Mauern ab vom Corso
leiten weitverzweigt und schattig
in ein Alleinsein.

Es ist nur atemzugweise
und alles, was römisch und beweglich ist,
zieht schon wieder
dorthin in eine Auflösung.
Entlang an gräulich, gelblich, rötlich,
zur Piazza Firenze und noch diese
Gasse geradeaus, wo rechts eine Bar ist,
eine Bank, ein Schreibwarenladen.
Vorbei an zahllosen Motorinis
Und Rom ist
Wo
Anders?

Die spärlich grünen Stauden spielen
einen verschlissenen Vorhang zum Schauspiel
der Götter und Heiligen.
Die Venus,
vervielfacht
mit zu schrillen Stimmen.
Und Eros,
natürlich lächelt der verschwitze Bauarbeiter.
Sein bildhauendes Hemd,
sein zum Blickfang gearbeiteter Oberkörper,
er kennt die Wirkung,
die Seufzer
der Priester.

(10. Juli 2003)

Den Tag klappe ich zu
Und lege ihn sauer beiseite.
Etwas war heute zu viel
Und wirklich hervorgebracht
Hat den oftmaligen Missstand
Dieser ständig bellende Hund.

Etwas hat heute gefehlt.
Da war eine vage Ankündigung
Aber ein ganz konkretes Vermissen.
So rempelt ein Gedanke den anderen
Bis vor der beweisenden Zukunft
Vorab dem Orakel recht beschert wird.
Es würde eine gestörte Verbindung
Aber so wird nichts sein.

Das aber war heute gerade im rechten Maß
Geradeso geatmet
Während all dem Unzähligen
Ohne Wollen
Eben deshalb das rechte Maß
Den Tag klappe ich zu
Und lege ihn – beiseite.

(12./13. Juli 2003)

Die Fragen ruhen

In einem vernachlässigten Buch blättere ich
und lese von einem Vater.
Ich bin zurückgeworfen,
bin unaufgefordert in Startposition.

Im Nu bin ich in einem Kopfspiel,
entziehe schon wieder geschickt die Kräfte
der immer selben Argumente,
retourniere zielstrebig Angriffe,
die stets so unväterlich zugestochen haben.

Ich schlage zurück,
ich schlage.

Nach einem mich herauswerfenden Ende
trete ich auf die Terrasse,
streichle über die Blätter der
selbstverständlichen Palme
und die Fragen ruhen erneut.

(13. Juli 2003)

Auf dem Bahnsteig

Sind keine Worte zu erwarten,
keine Beweise von Liebe,
von Zärtlichkeit.
Absender verreist.

In einem U-Bahnschacht,
wo die Gelassenheit
kühl verstrebt und rau verputzt,
in den Fahrgästen das Altbekannte
hervorruft.

Wie der Zweck der Kathedralen.
Gehorchen.
Kopf senken.
Unterwürfigkeit vor allem Übergesetztem,
was doch kein Höheres sein kann,
wenn es sich selbst übersetzen muss.

Alles setzt sich über.
Die akuten Cäsaren.
Die modernen Sklaven.
Und so ist es ein Beweis.
Das Wort, das weiß,
was abläuft und
das sich demokratisch fügt
an seinen Platz und ein Absender wird.
Hier eingezogen
Hochachtungsvoll
An alle Adressaten
In Liebe
Dein

(27. März 2003)

Im Innenhof

Nur ein kleines Quadrat
mit einem Baum.
Ein Kieselfeld,
auf dem zwei Bänke stehen,
die im Sommer klebrig sind.
Blütenstaub.
Zum Zaun hin
blütenlose Büsche.
Den Weg entlang
verschiedene Tontöpfe,
Blüten lila, blau und rot
Dahinter
freie Blätter.

Da warte ich und der Blick hat Ferien.
Da trifft sie ihn und man spricht gedämpft.
Da grüßt er mich und er ahnt,
dass uns jetzt nichts mehr vertreibt.

(13. Juni 2004)

Ist es so?
Die Gedichte sind ausgegangen?

Mit der Jugend
Tür zu
Bumm knall
Und weg?

Die Gedichte waren ausgegangen
Denn es herrschte eine
Sprachlosigkeit
Gedichtlosigkeit
Eine ungeheure Losigkeit im Ganzen

Die Gedichte
Sind zurückgekehrt
Krach bumm

(26. November 2006)

BARCELONA

Flugangst

Ein Stückchen Pizza und Wasser
Lufthansa-Kaffee.
Er raucht noch eine.
Es ist 12 Uhr 2.
Fremde Sprachen, das rhythmische Kreischen
eines Druckers irgendwo.
Der Teil des Rollfeldes, den ich
zwischen G32 und G33 überblicke
ist ruhig,
nur das Drehen des roten Radarschirmes
bestätigt diese Beton- und Techniklandschaft
als belebt.
Kein Teil also eines Hinterglasbildes.
Es ist 12 Uhr 2.
In der Halle hat der Drucker
sein aufdringliches Getue eingestellt,
die harten Absätze eines Geschäftsmannes
entfernen sich klackernd,
zwischen den Trennstäben der Schallschutzfenster
fährt ein blauer Bus durchs Bild.
Ein Mann in gelb-grüner Signalweste
zerrt einen Schlauch in Richtung Flugzeug,
ein anderer kommt raschen Schrittes,
reicht einen Zettel zum offenen Flugzeugfenster.

Es ist 12 Uhr 3.
Ich bin hier, „in time"
und eines steht fest,
gleich steige ich ein.
Es ist 12 Uhr 3.

Primero

Ein guter Flug
Der in ein Appartement führt
Ein paar Schritte auf La Rambla
Und abgebogen
Eingebogen
In eine überwältigende Kathedrale
Mich übergoldend
Was zuviel wird

Was zuviel wird
Wasche ich im Kreuzgang
An einem tröpfelnden Brunnen ab
Nasse Hände
Etwas Wasser auf Augen und Ohren

Was hervorklingt
Hängt frei wie katalanische Kirchenglocken
In ihren schmiedeeisernen Konstruktionen

Und Straßen und Plätze
Winkel
Geschäfte mit Süßigkeiten
Ziehen uns zur Kathedrale des Meeres
Die für heute keinen Einlass findet

Dann noch ans Meer
Eine logische Folge
Montadinos und Bier
In einer
Auf dem Weg zurück
Kneipe

Segundo

Eine Alte, die wie ertappt
Vom Spielautomaten hochblickt
Als wir vorbeigehen

Ihre schmale Freiheit ist geopfert
Wahrscheinlich

Zwei verkrüppelte Männer
Sitzen rechts und links vom Eingang der Kathedrale

Irgendwo in der Mitte
Fühle ich Dankbarkeit für mich
Und die Tage
Und Menschen
Die eben hier im Geist erscheinen

Bitte
Ein mittleres Licht für meinen Namenspatron
Der taucht ohnehin nicht allzu oft auf
Und dann der Löwe.
Seiner sieht naiv aus wie einer
Auf tibetischen Zeichnungen

Der Graue mit einem Bein wird
Am Abend die Bettelschale des
Fünfzigjährigen
Der keine Arme hat
Mit aufheben

Tercero

Wenn ich meine eigene
nahezu gleichmäßige Bewegung
in der Casa Batlló
nicht unterbreche
und durch das gewellte Glas
in den blauen Innenhof blicke
bekomme ich das Gefühl
als überspülte mich das Meer.

Bedrückt wie ein Fisch in einem Aquarium
komme ich mir vor und lande schlussendlich
doch in der nächsten Etage

Die Cellistin
(das Konzert mit Marie-Elisabeth Hecker
am 5. Juni in Barcelona)

Da war ja schon etwas angekündigt,
etwas der Sonderklasse
und dann kam da
eben aus Zwickau
Sie
mit lockerem Kleidchen
und schwarzen Schlappen,
dass man sagen wollte,
also das muss anders,
aber ich verlor spontan jede Festigkeit,
auch die,
meiner konjunktiven Meinung.

Sie bewegte sich
und ihr Cello
durch ein Konzert
durch den Raum
durch alle Momente
hinein in einen erdwarmen Klang
mit Hingabe und
Intensität.

Und einmal mehr die Tragik,
dass Musik in ihrer Zeit vergeht.
Aber das restliche Glück,
jeden Moment total
gemeinsam
lebendig zu sein,
rührt an.

Da ist etwas Großes,
ich verwische ein Träne und
rette andere Momente damit -
sie erlebt zu haben
in Barcelona
an einem Donnerstag
und es strömte
aus wachstumsschwangerem Himmel

Nachher betrachtet

Ganz einfach und mit aller Kraft
Ein Gedanke
Und mit Hirn und Sinnen
Steh ich am Tresen
Neben dem bärigen Kerl
Und trau mich schon wieder
Nicht

Aber tonlos und nur weil sich
Unsere Beine unter Wasser berührten
War alles möglich und mit allem was mir
Zur Verfügung stand traute ich mich
So ungefähr zwanzig Minuten lang

Dann war da Verwirrung
Ängste auch
Er war schnell weg
Bis ich ihn dann
Am Tresen traf

Am nächsten Tag
Da war kaum ein Blick
Freundlicher

(1. - 15. Juni 2008)

Mit dem Schnee gesprochen:
alle Arten der Geräusche,
Musenton, Drecksgesang,
Kristalle schneiden im Gegenwind

In den Schnee geboren:
Ist eine Erwartung, ein Tod,
Verreckter Neustart auch.
Man schneidet so dämliche Grimassen.

In den Schnee gekotzt:
Aushalten bis es klingelt;
Bonuspunkte abgegeben;
Das Lächeln wieder hervorgehebelt.

In den Schnee geschrieben:
Der Bittersong von der Veränderung
Das Hohelied vom sanften Verschwinden
In den Schnee gehaucht

(23. Februar 2009)

der schneetiger reitet bunt
die erinnerungen sind frei
der traum denkt ein gutes ende halb
ein gestützter und müder kopf
spaziert lächelnd durch die lethargie

der schneehase nagt beständig
an starren weil erfrorenen gräsern
mein schritt ist zweimal verweht
seit der gestrigen lawine
hauptsache du bist hier

(17. Februar 2009)

der sonnenschein schlägt übers dach
über den teppich der vom giebel schwingt
parallele zeit versessen auf den bürostühlen
verdreht und eingekeilt, belustigt minutenweise

wochenenddienst und radioruhiges schweigen
singt entfernt auf einer entleerten etage
angerufen bevor die roten faschingsnasen
die traurigen münder völlig zum narren halten

jede tat ist nur noch hochgeladen, eingerahmt
In zwei dimensionen, der rest ist falschheit
gerne „illusion" und doch nichts anderes
gerne „animation" und immer noch nichts anderes

da rattert ein drucker mit neuen tönen
ergibt ohne gegenzeichnung gereinigte fragen frei
spiritusgestank verzieht die kindliche schnute

(21. Februar 2009)

Gesendet:
Samstag, 28. Februar 2009 12:22
An: W., Jens
Betreff: Zipfel Zipfel Zipfel

Zaudern und zaghaft sein
In den Machenschaften
Perfider Langeweile und
Fortgeschrittener Politikverdrossenheit
Endlose Vermehrungen des Falschen
Lastet auf diesem Land

(28. Februar 2009)

Vortrag im leeren Saal

Früh sehe ich sie wieder
Die Freude auf die Vorfreude,
Und in warmen Farben
Bin ich durch geschlossene Augen erkannt.

Zuhause im Jetztherz,
Eine Hand ruht sich in der anderen aus,
Mein einziger Gedanke: ein verbleibendes Tulpen-
herz,
Der Blick in eins und alles.

Dann lese ich über wahre Sätze
Zu mir gerufen zum Diktat,
Das Ego umschreibt, umkreist, umrahmt
Übt sich im Ablegen seiner selbst.

Später klappt das Empfangene aus den Ohren
Jubelt sich durch alle Zellen
Freut sich exemplarisch
Über den Krach aus der Küche.

(08. März 2009)

Schlagnachbiografie

Malen, Schreiben, Spielen.
Arts, all day long.
Reisefaul mit den Jahren,
Kann sich aber jederzeit ändern,
Und so weiter und
Suddenly.

Ein schöner Abend,
Beispielhaft mondig und sternig.
Ein schöner Morgen,
Rotsonnig.
Herzraubende Andachten, von
Anbeginn legen sie eine Spur
Reinsten Glücks.

Forget about that
its easier
really

(21. März 2009)

Gleich ist er wieder ungeschminkt
Und trägt den Dank nach Hause
Von jetzt bis er wieder auf der Bühne steht
da hat er Pause
Die Blumen kommen ins Wasser
Die Glückwünsche in einen Karton

(2010)

Heute schon gerannt
nach der Währung?

Wer kann sich wehren
gegen die Währung und
deren Aufunddavongang?

Schuld?
Der Markt.
Der Vorstand.
Die Legislaturperiode.
Egal.

Hauptsache:
nicht dingfest zu machen,
Hände in Unschuld,
den Arsch in Sicherheit,
nicht mehr im Amt,
kein Kommentar.

Und dann muss noch diskutiert werden,
wie sehr man Millionäre und Konzerne belasten darf.

Früher mal, ja,
da dachte ich, jetzt würde
zu ungerecht geschrieben.
Heute, nein,
alles zu sanft.

und eines noch:
Vermieter erhöhen die Mieten,
sonst niemand.

(2011)

Die Armut hat mich entdichtet
Reimt nichts
Tut nichts
Auf Hartz IV und
Fettnapf auf Fettnapf
fällt kein Wort
in einen Satz

Ich schick sie nach Süden
in einen besseren Traum
mit Missbilligung des Amtes

Wer bist Du
Bist du wer
ohne Ausklang

Entleerte Augen
in denen entwürdigt wurde

Die Armut in diesem Land
hat mich entdichtet

(2011)

Wohin
Stadt Land Maus
Ist es so schlimm
Mensch ärgere dich nicht
Wir werden bespielt und belebt
Fang den Hut
Setze ihn auf, es ist der Narrenhut
Gehe nicht über Los
Aber das wissen wir doch, oder?
Tangram
Tamtam

Das Spiel funktioniert nicht ewig,
weil alle das meiste wollen,
die anderen sind ohnehin glücklich
und warten
bis ihr
auf die Schnauze
bingo
klatscht.

(23.November 2012)

Silvester Tango

Bei mir gestern zu Gast
Salat mit frischem Feuerwerk.
Die Straße, Hügel aufwärts,
eine halbstündige Heimat
schenkt uns einen prachtvollen Überblick.

Dem alten Jahr den Sargdeckel aufgedrückt,
eine Träne im Augenwinkel.

Selbstverständlich und grauenhaft
wird auch im nächsten Jahr
nur der Tango der Gewohnheit
neu choreografiert.

Schießen wir den Neuanfang in den Himmel,
das wirklich Neue fliegt hinterher,
verpufft und verglüht.

Unsere Sohlen und der Teer der von Resten
verseuchten Straße
haben längst geheiratet, bedanken sich leise,
verschämt, wenden sich ab im Abschied.

Diabolisch erheben wir erneut die Augenbraue
auf ein Neues, auf ein Ähnliches.
Links, rechts, Wiegeschritt,
vor, zur Seite,
Schluss.

(1. Januar 2014)

Die Wasserräder sind abgetragen.
Beerdigt sind alle Hirtenjungen,
die den Sommer durchschlendern, klettern,
auf einem Grashalm kauend.

Über dem Arm des Käsekessels
hängen uncool die Mäntel derer,
die sich einen ländlichen Nachmittag kaufen.
Belächelt lässt man sie.

Am besten eben,
man setzt sich ins Gras
und sieht geradeaus,

übersieht sich selbst
bis man aufschlägt
und wieder gar nichts heißt.

(13. März 2015)

Heimat schon - oder

Heimat - her damit
Jodeln - Finger hakeln - Maßkrug stemmen
Ach so - die nicht

Alpenglühen - Kuhglocken läuten
alles ein bisserl langsamer
diese Heimat - schon eher

Wo ist denn was Heimat
ein Stammtisch kann ja auch
dumpf - oder anders

Heimat - ein Erlebnis
mit anderen - wenn es passt
und das ist mal so - mal so

aber ganz generell
Heimat schon - her damit
danke

oder

(01. April 2015)

Voran kommen in allen Geschwindigkeiten
ungeachtet eines Tütensalates,
in dem die Analysen der
Worte und der Töne abzuholen sind gegen ein Pfand.

Ausbremsen und ablenken von Wegen,
die auf der Hinterseite der gewaltigen Planeten
unbeschienen liegenbleiben, sich leer laufen.

Die Ziele nicht mehr besingen, oder alle gleichzeitig.
Ersetzt und auf die Zeiten hinaus verwirrt
liegen sie verlogen glänzend, reizend zum Erbrechen.

Ich schlage nach und finde keine Grenze mehr.
Die selbst Abgewägte trauert und zweifelt
in vielen Tagen des Werdens, tonlos.

Die Räder unter unseren Gepäckstücken
halten nicht einmal mehr ein Versprechen
so dumm, nach Jahren dieses einen Weges.

(7. April 2015)

Zweifel

Genau an diesem Tag,
in Hitze und leichtem Wind,
uneinsehbar, versteckt vor losen Augen,
sehe ich die Worte tanzen.

Oft einzeln malen sie
peinlich genaue Bildergeschichten.
Persönlich, perfekt, schwingt alles hindurch.
Ein Bild entspricht, keines bleibt allein.

Unendlich dankbar bin ich euch allen
in nachlesbaren Zeiten, Stürmen, Wolken.
An diese Leidensarten und Verzweiflungen
reiche auch ich heran, wenn ich nicht entgegen trete.

Alpenlandschaft
und ich trete alles ins Tal, fürchte die Felsen,
taufe den Fluss nicht um,
in diesem Moment, in dem er vergangen.

(5. August 2015)

Die Gedanken laufen weiß
den Berg entlang
und finden in Nebeln
kein Halten.

Ein Gast sucht eine Hütte.
Ihm wird der Weg dorthin
der Weg in die
Magengrube sein.

So gibt es neue Auflagen in blau
von derselben Beschaffenheit
auf allen Stühlen, die wir kennen

Der Koch, alleine, denkt in den Topf
die Wirtin, alleine, telefoniert sich in die Welt
ich, alleine, träume touristenlos

(17. August 2015)

Markus H. Eberhard, Jahrgang 1966, Schauspieler, Sänger, Autor. Studierte in München Gesang und erhielt seine Schauspielausbildung in München, London und Los Angeles.
Seit 1988 ist Markus Eberhard in den verschiedensten Rollen auf der Bühne und im Fernsehen zu sehen. Rollen wie Bob Biberti (Comedian Harmonists), Oberst Pickering (MyFair Lady) oder der Frosch (Die Fledermaus), begleiten bzw. begleiteten ihn viele Jahre. Er unterrichtet Gesang und Schauspiel und gibt Seminare.
Für seine Bühnenauftritte schreibt er unter anderem kabarettistische Texte oder kurze Krimis mit Musik.
Mehr unter www.markus-eberhrd.com oder auf Facebook unter markuseberhardarts